Lieutenant DERENDINGER

# Autour de Melfi

## UN PEUPLE D'AFFRANCHIS

### LES IAL-NAS

IMPRIMERIE-LIBRAIRIE MILITAIRE UNIVERSELLE

**L. FOURNIER**

264, — Boulevard Saint-Germain, — 264

PARIS

Lieutenant DERENDINGER

# Autour de Melfi

## UN PEUPLE D'AFFRANCHIS

## LES IAL-NAS

IMPRIMERIE–LIBRAIRIE MILITAIRE UNIVERSELLE
L. FOURNIER
264, — Boulevard Saint-Germain, — 264
PARIS

# Autour de Melfi

## UN PEUPLE D'AFFRANCHIS. — LES IAL-NAS

Il n'est peut-être pas de région en Afrique, si l'on en excepte le Maghreb, où le choc des races, des peuples, des religions, se soit produit avec plus de violence que dans les pays voisins du Tchad. Est-ce la prestigieuse légende d'un lac mystérieux aux inondations fécondes qui attira vers le centre de l'Afrique les peuplades abyssines et nubiennes ? Est-ce le simple hasard qui amena en ce point le heurt des Arabes blancs et Berbères du Nord et des Arabes noirs venus du Sud ? Est-ce seulement l'appât des terres fertiles ou des troupeaux innombrables qui lança vers le Tchad lointain tant de hordes guerrières, tant de conquérants fameux qui, comme Rabah, s'effondrèrent en atteignant ses bords, ou, comme les Songhraï, poursuivirent vers le Niger leur formidable randonnée ?

L'ethnographie répondra peut-être un jour à ces questions, mais elle aura dès l'abord de pénibles problèmes à résoudre. Linguistes et anthropologues auront fort à faire pour retrouver en ce fouillis de races et d'idiomes les peuples autochtones que tant d'invasions ont recouverts ou bouleversés, que les grands empires musulmans esclavagistes ont décimés et disloqués davantage encore. Dans la seule région de Melfi, on peut compter plus de dix nationalités différentes auxquelles il n'est pas toujours facile de trouver une souche commune !

Si vous interrogez quelque Arabe au sujet de ces races diverses, il vous imposera incontinent sa classi-

fication simpliste : « Nous, les Arabes, eux, les Kirdi »
(1) ; c'est-à-dire : nous, les musulmans, les croyants,
les civilisés, eux les païens et les sauvages; nous les
maîtres, eux la chair à esclave; à eux les montagnes
arides et la misère, ou le travail dans la captivité; à
nous les plaines fertiles, les troupeaux sans nombre et
la richesse dans l'oisiveté. L'Européen, si révolté qu'il
soit au premier abord par cette conception de deux hu-
manités, l'une libre, l'autre captive, se laisse bientôt
conquérir par la monstrueuse simplicité de cette classification et il y est poussé autant par le mépris affiché
à tout instant, le dédain obsédant de l'Arabe pour le
Kirdi que par l'étonnante résignation du Kirdi, pauvre
gibier toujours traqué, qui ne peut se croire enfin déli-
vré de l'invraisemblable chasse dont il était l'objet.

D'ailleurs, il faut bien le dire, devant les tribunaux
européens eux-mêmes, si impartiaux qu'ils s'efforcent
d'être, le Kirdi vis-à-vis de l'Arabe se trouve en bien
mauvaise posture. Que de coutumes différentes chez
ces nationalités multiples, et comment le « blanc » s'y
pourrait-il reconnaître ? Quelle force, au contraire, dans
ce Koran unique, où « Qadi » et « Faqih » (2) n'ont
qu'à puiser leur jugement. On a trop souvent oublié
que le Tchad, musulman au-dessus du Batha, ne l'est
plus qu'à demi entre Batha et Bahr Salamat et bien
moins encore du Bahr Salamat au Bahr Sara.

Les Kirdi, cependant, la paix rétablie, la police assu-
rée, se sont en partie décidés à descendre de leurs montagnes et à étendre leurs cultures, mil et coton, dont ils

---

(1) Mot servant d'une manière générale à désigner les païens
par analogie sans doute avec les Kurdes de l'Asie Mineure. —
D'une manière générale, pour éviter des erreurs de prononcia-
tion, nous ne mettrons pas d's au pluriel des mots d'origine étran-
gère.

(2) Faqih, au pluriel Fuqaha. — Ce mot désigne, au Tchad, tout
individu sachant lire et écrire l'arabe.

peuvent tirer quelques profits, ils élèvent quelques cabris et quelques chevaux, mais il faut avouer que leurs malheurs ont singulièrement aggravé leur paresse naturelle, et il faudrait peut-être perdre l'espoir de les voir sortir avant de longues années de leur condition misérable si un groupement ethnique, les « *Ial-Nas* », groupement issu de leur sein, ne commençait à manifester d'extraordinaires tendances vers le progrès.

Les *Ial-Nas*, que sont-ils ? Un léger retour vers le passé nous montrera leur humble naissance. Que pourront-ils devenir ? Un peu de statistique nous permettra peut-être de l'entrevoir.

Il y a une soixantaine d'années, quelques captifs du *Déqaqiré*, s'étant enfuis de la demeure de leurs maîtres arabes, vinrent chercher refuge sur la montagne de Kotkol (1), mamelon rocheux isolé que le massif de Melfi projette à quinze kilomètres environ à l'Ouest. La montagne était alors inhabitée, ils y établirent un petit village et y vécurent plusieurs mois ignorés. Malgré toutes leurs précautions, cependant, leur retraite ne tarda pas à être découverte et, dès lors, ils ne connurent plus de tranquillité. Contre eux se dressa la coalition de tous les Arabes qui avaient eu à souffrir de l'infidélité de leurs captifs. Les uns espéraient retrouver dans la petite colonie ceux mêmes qui avaient fui leur demeure, d'autres estimaient qu'il fallait détruire à tout prix ces dangereux ferments de liberté, d'autres enfin étaient simplement attirés par l'appât d'une bonne capture qu'ils pourraient échanger contre un cheval ou une épouse. Les assiégés comprirent qu'ils ne pourraient, sur leur rocher isolé, résister longtemps à de pareils assauts. La masse imposante des montagnes de Melfi se dressait à l'horizon ; ses flancs escarpés, ses ravins

---

(1) Voir croquis, p. 13.

profonds, ses sommets élevés, semblaient leur offrir un abri moins précaire..... Ils quittèrent Kotkol à la faveur de la nuit.

Leur installation à Melfi ne suffisait cependant point à les mettre hors de danger. Le cirque à la terre féconde, à l'eau abondante, était occupé par de nombreux Arabes, appartenant aux deux plus grandes tribus du Déqaqiré, les Am-Zed et les Zalagmeh. Quant aux rochers, ils abritaient plusieurs villages de Baraïn, montagnards agiles et farouches, à la générosité desquels il n'eût pas été prudent de se fier. Il était, en effet, d'usage courant, dans les villages kirdi, de restituer à leurs propriétaires les captifs évadés, lorsqu'on pouvait les saisir, soit afin d'obtenir en échange la libération d'un ami, soit pour éviter des représailles. Si le patron ne se présentait pas, on vendait simplement le captif à quelque Arabe du voisinage et, dans les coutumes kirdi, il était même prévu qu'une partie des recettes de cette nature revenait au chef du village.

Les fugitifs préférèrent se tourner vers les Arabes et leur chef fut assez habile pour obtenir de ces derniers non seulement une liberté relative, mais une véritable protection contre ceux qui les poursuivaient. Bien entendu, les Arabes surent imposer leurs conditions, mais si cette convention ne leur eût pas donné de réels avantages, elle n'eût probablement pas persisté, ainsi qu'elle le fit, se fortifiant chaque jour, jusqu'à l'occupation française.

Les nouveaux venus étaient autorisés à s'installer dans le cirque de Melfi et à s'y livrer à tous les travaux agricoles sans autre condition que la Zakka (droit du dixième) que payaient les Arabes eux-mêmes à leurs chefs. Si, d'aventure, des captifs appartenant à des Arabes Zalagmeh ou Am-Zed de Melfi et de Bacca venaient à se réfugier dans le village, ils seraient immédiatement restitués à leur propriétaire. Les Arabes de Melfi avaient compris avec quelle rapidité allaient se multiplier les évasions de captifs lorsque l'existence

Jeunes filles Ial-Nas, coiffure avec cimier.

du jeune groupement serait connue; la convention les préservait de ce danger en même temps que l'installation près d'eux de cultivateurs robustes les mettait à l'abri d'une disette possible et pourrait sérieusement appuyer leur résistance contre les entreprises du Ouadaï et du Baghirmi.

L'afflux de captifs fut, en effet, si considérable que

dans tout le Déqaqiré les plaintes s'élevèrent très vives
et les Arabes de Melfi, malgré leur puissance, couraient
le risque d'être fort malmenés par la coalition des tribus extérieures. Pour calmer le flot des mécontents, il
fallut ajouter à la convention l'article suivant :

« Seront rendus à leurs maîtres lorsqu'ils se présen-
teront à Melfi :

1° Les captives ayant épousé un arabe;

2° Les enfants;

3° Les hommes qui ne seraient pas décidés à rester
à Melfi et manifesteraient le désir de poursuivre leur
route vers le pays natal. »

Pour bien montrer son intention de ne pas être simplement un refuge où s'abriteraient momentanément
quelques fuyards mais de constituer en quelque sorte
une nationalité nouvelle où viendraient se fondre des
éléments de toutes races, le nouveau groupement prit
le nom de Ial-Nas ce qui signifie « les enfants des
hommes ».

Peu à peu, grâce à l'énergie de leurs protecteurs,
grâce aux puissants « fuqaha » de Melfi dont les juge-
ments avaient force de loi dans tout le Déqaqiré, grâce
à la sagesse aussi de leurs notables, les Ial-Nas surent
faire accepter par tous les Arabes du pays la petite révo-
lution qu'ils venaient d'accomplir.

Il semble d'ailleurs que l'accord ait régné d'une manière assez parfaite entre les Ial-Nas et les Arabes de
Melfi. Il arriva même par la suite de plus en plus souvent que les propriétaires de captifs évadés renoncèrent
d'eux mêmes à leur droit absolu de rentrer en posses-
sion des fugitifs. En présence d'un faqih et des notables ils déclaraient leur rendre la liberté; on fixait alors
généralement la redevance annuelle que devait payer

le libéré à son ancien maître : cette redevance consistait soit en mil soit simplement en journées de travail. S'il s'agissait d'une femme, la dot, au moment de son mariage devait revenir au maître; s'il s'agissait d'un homme, il était presque toujours convenu que ses enfants viendraient habiter chez l'ancien patron jusqu'au jour de leur mariage : celui-ci s'engageait à les marier lui-même, les garçons à son dam, les filles à son profit, puis à leur rendre la liberté. Lorsqu'un captif libéré ainsi par contrat venait à mourir, ses biens appartenaient en entier à son ex-maître s'il ne laissait pas de postérité, et par moitié en cas contraire, l'autre part restant aux héritiers naturels.

Plus tard d'autres villages Ial-Nas se créèrent au pied des nombreux massifs montagneux qui s'échelonnent du Déqaqiré au Dadjo : à Bédanga et à Likkin, s'établirent, il y a une quinzaine d'années, les captifs évadés des Arabes Yécié et Am-Bettich, à Gulunti et à Abudeïa plus récemment encore ceux des Miserieh et des Ulad-Rachid.

Le séjour plus ou moins prolongé que tous ces Kirdi ont fait chez les Arabes n'a pas été sans modifier d'une manière considérable leur mentalité et leurs mœurs. Il est intéressant de rechercher par quel côté leur captivité chez des musulmans a influé sur leur caractère et leurs coutumes. Lorsque, bien imbu de la classification si nette, Arabes et Kirdi, que nous avions établie au début de cette étude, on pénètre dans un village Ial-Nas, on demeure quelque peu stupéfait. Entrons-y, si vous voulez, à l'heure où la vie devient plus intense dans un village indigène, à l'heure où le soleil couchant disparaît à l'horizon poussiéreux en dorant de

ses derniers reflets le sommet des montagnes. Nègres,
oh oui bien nègres, toutes ces têtes rondes, ces figures
camuses que nous rencontrons dans l'étroit sentier ser-
pentant entre les seccos (1). A peine si de temps à
autre un teint plus clair, un profil plus allongé nous
prouve que les anciens maîtres n'ont pas toujours été
insensibles aux charmes de leurs captives. Et pourtant, tel nègre bien pur s'appelle Abdallah, Abd el Ke-
rim ou Abd el Medjid, tel autre Seïd ou Khamis, ou
Djimé; il en est bien peu qui, en recouvrant la liberté,
aient repris leur nom d'antan, celui dont les dotèrent
leurs parents lorsqu'ils naquirent au pays des Kenga
ou des Bua. Par contre la plupart ont conservé leurs
cheveux longs et tressés. Les femmes, elles, ont adopté
une coiffure toute spéciale : les cheveux demi-longs
sont liés en nattes très fines qui retombent de chaque
côté de la tête tandis que celles de la partie supérieure
du crâne sont relevées et réunies en cimier; les arêtes
de ce cimier et le front sont quelquefois ornés d'un
rang de longues perles rouges appelées « maradian ».
Cette coiffure assez jolie distingue tout à fait les femmes
Ial-Nas des Kirdi qui ont en général la tête complète-
ment rasée, ainsi que des Arabes dont les cheveux
longs et enduits de beurre et de « dadio » (!) retombent
en grosses nattes sur les épaules.

Mais voici qu'au détour du sentier nous débouchons
sur la place centrale du village. Un gros arbre, tama-
rinier ou ficus, en est le plus bel ornement et, sous son
ombre, quelques tisserands ont installé leurs métiers

---

(1) Nattes grossières qui entourent le groupe de cases où
s'abrite une famille.

(1) Petite graine odoriférante qui, réduite en poudre, sert à
parfumer la chevelure.

à gabaks (2) ; la navette saute avec rapidité d'une main à l'autre tandis que les peignes se lèvent et s'abaissent. Une troupe d'enfants se vautre dans la poussière et, plus loin, tournés vers l'Orient, sur un rang au coude à coude, une dizaine d'hommes font leur salam ; mais quel singulier salam s'il ne se trouve point quelque « faqih » pour diriger le mouvement. Et, cependant qu'ils se prosternent, si nous jetons un regard à l'intérieur de leurs demeures, nous verrons auprès de la porte le vieux « mergaï » (3) de leurs ancêtres, simple

Vieillard Ial-Nas filant le coton

« Burma » (4) sous un petit toit de paille où ils n'oublient jamais de déposer la ration des génies : sang des poulets égorgés ou prémices de la récolte. Au milieu de la cour, dans de grandes jarres, mijote la bière de mil,

<hr>

(2) Bandes de coton tissé dont la largeur varie suivant les régions de 5 à 40 centimètres ; elles forment la monnaie la plus courante et servent à la confection des vêtements.

(3) On désigne d'une manière générale sous le nom de Mergaï à la fois le génie lui-même, les objets qui le symbolisent et le logement où il est censé s'abriter.

(4) Sorte d'amphore en terre cuite.

le « pipi » ou « mérisseh » dont ils s'enivreront demain. Car, si les Ial-Nas ont compris que le salam aux gestes solennels, aux rites mystérieux, les élevait au-dessus de leurs frères encore ignorants et sauvages; si, rendus à la liberté, ils ont continué certaines pratiques musulmanes auxquelles les astreignaient leurs maîtres, telles que la circoncision des garçons et l'excision des filles; si leurs notables arborent d'énormes chapelets de buis, du moins ne veulent-ils point renoncer à leurs vieux génies tutélaires ni aux calebasses de mérissch qui sèment l'ivresse les soirs de lune.

Un jour, au coucher du soleil, je me trouvais sur la place du marché de Melfi, quand déboucha soudain du taillis un des plus riches Ial-Nas du village; il rentrait des champs, un fagot de bois mort sur l'épaule. Il me salua, eut une seconde d'hésitation, puis jetant sa charge à terre et, dans l'intention bien évidente de me montrer qu'il n'était plus un païen de la montagne, il commença son salam. Un à un ses camarades débouchèrent par le sentier et tous s'empressèrent d'imiter son exemple. Je les regardais faire, très amusé de la fantaisie que ces néophyes peu convaincus apportaient à cette prière aux rites immuables : génuflexions et prosternations se succédaient sans ordre ni méthode.

Lorsque le premier eut fini, je m'approchai et l'interrogeant: « Kullu muselmin (1) (tous musulmans ?) » lui dis-je, et il répondit fièrement : « Kamelin (Tous) ! » — « Nahm (ah oui) ! repris-je en riant, muselmin el merisseh (musulmans du merisseh) ! ». Toute la troupe se mit à rire, ils se levèrent en plaisantant, oubliant la fin de leur salam; ils avaient disparu dans le sentier

---

(1) Les Ial-Nas ont adopté la langue arabe qu'ils avaient tous apprise en captivité; ils ont adouci les sons gutturaux tout en rendant la langue plus sonore par une vocalisation complète et ils ont surtout beaucoup simplifié la syntaxe.

que leurs bruyants éclats de rire parvenaient encore à mon oreille.

Oui, musulmans à la foi bien frêle ! En justice, ils seraient blessés dans leur orgueil si on ne les appelait point à jurer sur le Koran comme de vrais croyants, mais entre eux, quand ils veulent connaître la vérité, c'est le vieux mergaï des aïeux qui reçoit leurs serments.

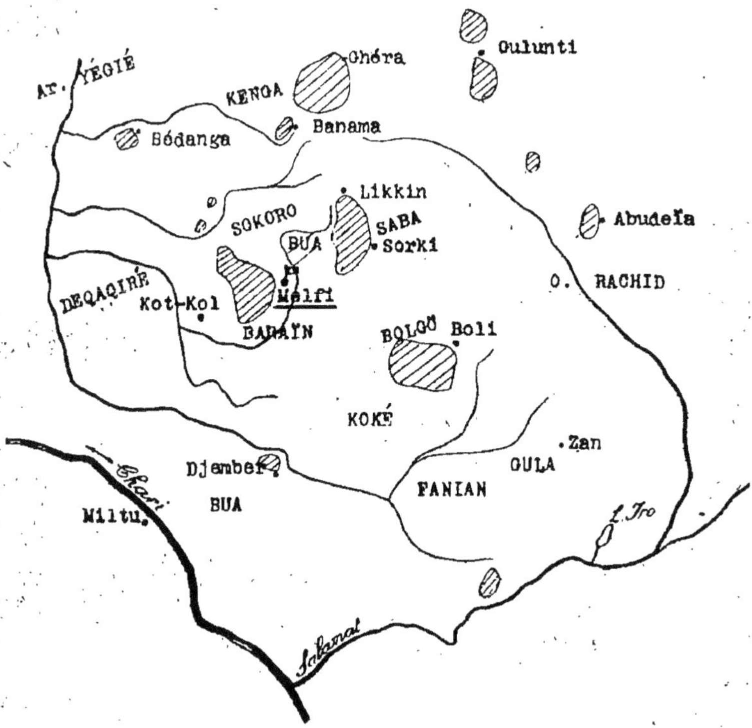


Ivrognes, les Ial-Nas le sont peut-être plus que tous les Kirdi mais s'ils ne l'étaient point, s'ils n'aimaient pas autant à voir le mil bouillir dans les marmites de terre, peut-être n'apporteraient-ils pas à la culture de leur lougan (1) l'énergie et l'entrain qui leur sont tout

_________

(1) Mot d'origine mandingue utilisé du Sénégal au Ouadaï pour désigner les terrains cultivés.

particuliers. Nulle part on ne trouve de champs aussi
étendus et aussi soignés que les leurs, nulle part de mil
d'aussi belle venue. Si la captivité a certainement dé-
veloppé l'habitude du travail chez les Ial-Nas, l'amour
des boissons fermentées a sans doute contribué à l'y
maintenir, et c'est cette habitude du travail qui est la
vraie raison de leurs progrès économiques. Déjà ils
disputent aux Bornouans la première place dans la
production du coton et le tissage des gabaks, ils leur
disputeront peut-être un jour le terrain commercial.

Mais, tandis que nous rêvons à toutes ces choses, le
soleil a définitivement disparu de l'horizon, la montagne, elle aussi, s'est couverte d'ombre et les tisserands
replient silencieusement leurs métiers. Un beuglement
nous fait tout à coup tresaillir, d'autres beuglements
lui répondent, une vache dévale du sentier, une autre
la suit et tout un troupeau défile sous nos yeux. A qui
ces bêtes ? — Aux Ial-Nas ! Jadis, chez leurs maîtres
indolents, c'est à eux seuls qu'incombait le soin du bétail; il était tout naturel qu'ils cherchassent mainte-
nant à en posséder et ce fait est remarquable parce qu'il
n'est pas de Kirdi qui possèdent de bœufs. On verra,
dans les statistiques de recensement que nous repro-
duisons ci-dessous, que cet élevage chez les Ial-Nas a
déjà pris une certaine importance. Pour mieux appré-
cier ces progrès, il importe de considérer d'abord que
les Ial-Nas n'ont pu songer à l'élevage que depuis que
l'occupation française leur donne une sécurité absolue,
car ce ne sont point, comme les Arabes, des nomades
qui peuvent fuir au loin devant un danger. On peut
donc admettre que les résultats que nous notons ont été
acquis en six ans (1904 à 1910). Il est bon de dire
ensuite que le Ial-Nas n'a pas comme l'Arabe la folie
des troupeaux, folie funeste, qui outre qu'elle arrête tout

essor commercial, maintient au milieu du bétail une quantité de bêtes sans valeur qu'il vaudrait mieux ne point appeler à reproduire. Un Arabe se plaignait un jour des ravages que la mort avait faits dans son bétail en une seule année, quarante bœufs sur deux cents environ ; il reconnaissait d'ailleurs que la plupart étaient morts de vieillesse et, comme je lui faisais valoir l'avantage qu'il eût eu à les vendre : « Cela me fait déjà bien assez mal au cœur d'en voir mourir ! » me répondit-il. — « Oui, mais tu serais riche ». — « Etre riche, c'est avoir des bœufs ». — « Pourtant, répliquai-je, avec les thalers gagnés tu eusses pu te procurer beaucoup de choses, des boubous, par exemple ». — « Oh ! me répartit ce riche déguenillé, en montrant ses vêtements en lambeaux, je n'achète tout de même qu'un boubou par an ! »

Cette réponse, les Ial-Nas ne la feraient pas ; le luxe les attire, ils ont des besoins que la civilisation développera encore. Un bon taureau, cinq ou six belles vaches dont les veaux leur rapporteront bon an mal an une vingtaine de thalers, tel est le vœu des plus riches parmi ces petits éleveurs. Ce qu'il faut donc considérer chez eux c'est le nombre des propriétaires plutôt que la quantité de bétail.

**TABLEAU A** (recensement par village)

| Années | Villages | Hommes(1) | Femmes | Enfants | Chevaux | Bœufs | Moutons | OBSERVATIONS |
|---|---|---|---|---|---|---|---|---|
| 1905 | Melfi ... | 500 | 437 | 373 | 41 | 162 | 351 | (1) Adultes mâles. |
| | Bedanga | 119 | 121 | 156 | 2 | 9 | 86 | |
| | Likkin .. | 190 | 170 | 200 | 8 | » (2) | 50 | (2) Les environs de Likkin ne conviennent pas à l'élevage du bœuf. |
| 1908 | Melfi ... | 526 | 500 | 400 | 44 | 188 | 714 | |
| | Bedanga | 151 | 160 | 179 | 3 | 22 | 123 | |
| | Likkin .. | 300 | 295 | 322 | 10 | 17 | 351 | |
| 1910 | Melfi ... | 697 | 735 | 662 | 65 | 302 | 988 | |
| | Bedanga | 210 | 215 | 250 | 16 | 113 | 232 | |
| | Likkin .. | 374 | 380 | 439 | 25 | 35 | 654 | |

## TABLEAU B (totaux par année)

| ANNÉES | Hommes | Femmes | Enfants | Chevaux | Bœufs | Moutons | OBSERVATIONS |
|---|---|---|---|---|---|---|---|
| 1905... | 789 | 728 | 729 | 51 | 171 | 487 | (1) Adultes mâles. |
| 1908... | 977 | 955 | 891 | 57 | 227 | 1188 | (2) Les environs de Likkin ne conviennent pas à l'élevage du bœuf. |
| 1910... | 1281 | 1330 | 1351 | 106(1) | 450 (2) | 1874 | |

Les deux tableaux ci-dessus où ont été résumés les résultats des recensements de 1905, 1908 et 1910 font ressortir éloquemment les progrès réalisés en six ans par les Ial-Nas.

En cotant les animaux domestiques au taux de la mercuriale de Melfi (cheval quatre-vingt-dix francs, bovidé trente francs, mouton un franc cinquante), la richesse collective actuelle du groupement Ial-Nas peut être évaluée au minimum à 25.850 francs. Le chiffre de 1.281 comprenant tous les adultes mâles, célibataires ou mariés, le nombre des familles est d'un millier environ, ce qui nous donne par famille une richesse moyenne de 25 fr. 85. Nous avons recherché quelle était cette richesse moyenne pour les principales races Kirdi de la subdivision de Melfi et nous avons réuni ces résultats dans le tableau C.

## TABLEAU C

| RACES | Familles | Chevaux | Bœufs | Moutons | Richesse totale | Moyenne par famille | OBSERVATIONS |
|---|---|---|---|---|---|---|---|
| | | | | | fr. | fr. | |
| Ial-Nas.. | 1.000 | 106 | 450 | 1.874 | 25850 » | 25 85 | (1) Appartiennent tous au chef Kocat. |
| Sokoro .. | 1.133 | 250 | » | 808 | 23712 » | 20 92 | |
| Baraïn... | 351 | 44 | » | 703 | 5014 » | 14 28 | |
| Kenga ... | 735 | 46 | » | 146 | 4359 » | 5 93 | (2) Appartiennent au chef Bogeï. |
| Saba..... | 488 | 9 | 34 (1) | 462 | 2448 » | 5 » | |
| Fanian... | 220 | 4 (2) | » | 200 | 660 » | 3 » | |
| Bua...... | 278 | 5 | » | 193 | 740 » | 2 66 | |
| Kokè .... | 225 | 1 | » | 110 | 255 » | 1 13 | |
| Bolgô .... | 700 | 1 | » | 320 | 570 » | » 81 | |
| Gula..... | 435 | » | » | 75 | 113 » | » 26 | |

* *

Dans l'évaluation de la richesse nous ne nous sommes point occupé des cultures. Leur valeur eût été trop difficile à représenter numériquement. D'ailleurs, si l'on estimait qu'il y ait lieu de faire entrer en ligne de compte la production agricole, l'ordre des différents groupements dans le tableau C ne subirait que peu de modifications : seuls les Gula devraient être placés immédiatement après les Baraïn.

On voit qu'en quelques années, les Ial-Nas, partis du néant se sont élevés bien au-dessus de tous les groupes ethniques d'où ils sont issus et il faut ajouter qu'ils sont de beaucoup les mieux vêtus et leurs femmes les mieux parées. Les Sokoro, grâce à l'élevage du cheval dans lequel ils se sont spécialisés depuis longtemps, atteignent presque à la même richesse moyenne, mais cette race puissante établie depuis longtemps dans le massif de Goqmi, a toujours su tenir les Arabes en échec et les Sokoro que les hasards de la guerre avaient jetés dans l'esclavage s'empressaient de rentrer dans leur milieu d'origine dès qu'ils pouvaient recouvrer la liberté. Ils n'ont donc que fort peu contribué à la formation du groupement Ial-Nas.

Nous sommes évidemment loin encore des Arabes chez qui la richesse moyenne par famille atteint 189 fr. et des Fellata où elle dépasse 300 francs; mais la situation économique de ces deux races subira une rude atteinte le jour où l'on tentera de jeter bas l'institution des captifs. On a trop parlé du succès qui a couronné la tentative audacieuse du gouvernement de l'Afrique Occidentale pour que certains esprits, ignorants des contingences locales, ne soient tentés d'appliquer la même méthode brutale aux territoires du Tchad. Les Fellata se relèveraient peut-être assez facilement de la crise qui résulterait d'une telle mesure parce que, en dépit des nombreux captifs qu'ils possèdent, ils s'occupent eux-mêmes de leurs troupeaux. Quelle différence entre leur bétail et celui des Arabes ! Quelle différence entre les cases sablées, toujours propres, où ils l'abritent durant l'hivernage et les parcs boueux et nauséabonds où se vautrent les bœufs des autres.

Pour les Arabes, le soin des troupeaux est une besogne servile qu'aucun garçon de plus de quinze ans ne consent à faire. L'occupation française leur a enlevé leurs passe-temps guerriers ; quelques anciens, habitués aux longues chevauchées, la lance au poing, ont cherché dans la chasse un nouveau but à leur activité, mais les jeunes gens ne font rien. Allongés dans leurs cases, ils dorment des journées entières, ou, groupés sous l'ombrage étroit de leurs « illieh » (1), ils dialoguent lentement, échangeant les petits cancans des tribus. Pour eux, la suppression soudaine de l'esclavage serait une véritable catastrophe. Leur paresse a été trop favorisée par le bon marché des captifs : les prix à certaines époques s'abaissèrent jusqu'à six francs pour un enfant et dix francs pour un adulte.

Ce n'est que par une diminution progressive du nombre des esclaves que l'on peut espérer voir l'Arabe se mettre à son tour au travail. A ce point de vue on peut regretter que les anciennes coutumes qui assuraient la liberté aux esclaves réfugiés en certains lieux d'asile aient disparu avec notre occupation. Avec quelques modifications, le paiement par l'affranchi d'une indemnité raisonnable, il eût été possible peut-être de les conser-

---

(1) Simples abris couverts de paille destinés à recevoir les hôtes de passage.

ver. L'indemnité serait variable avec le sexe, l'âge et la durée de la captivité, c'est-à-dire directement proportionnelle au prix d'achat et inversement proportionnelle au travail fourni et aux services rendus. De telles mesures eussent bien accru la vitalité du groupement Ial-Nas; elles eussent permis, dans bien des cas, de mettre, entre l'esclavage et la liberté, l'heureuse transition du servage où le maître et son ancien captif se garantissent en quelque sorte mutuellement contre la misère. La libération des captifs par autorité judiciaire ou administrative est une mesure excessivement délicate. N'est-ce pas manquer de loyauté que de retirer par la violence, sans motifs graves, à des Arabes soumis depuis plusieurs années, des captifs acquis à prix d'argent avant notre arrivée, alors que nous leur promettions, moyennant le paiement régulier de leurs contributions, la libre disposition de leurs biens. Mais d'autre part, comment ne point se laisser toucher parfois par les supplications, si intéressées qu'elles soient bien souvent, d'une mère ou d'un frère qui réclament le fils ou la sœur enlevés par des pillards quatre ou cinq ans plus tôt.

Quelle que soit dans l'avenir la solution de ce pénible problème, le groupement Ial-Nas, grâce aux qualités que nous avons fait entrevoir, est certainement appelé à se développer aux dépens de ses anciens maîtres. Dans leur existence mouvementée et laborieuse, soumis aux travaux les plus divers, tour à tour esclaves de colporteurs et de pasteurs, les Ial-Nas se sont d'abord dégrossis, puis n'ont pas tardé à se rendre compte de leur valeur. Nous les avons montrés éleveurs, nous pourrions en citer plusieurs qui, après de timides essais, commencent à se lancer franchement dans le commerce.

Enfin, dans la constatation des progrès qu'ils ont accomplis, ce qui doit nous réjouir tout particulièrement, c'est l'exemple qu'ils donnent à leurs frères Kirdi. Nul doute que cet exemple ne finisse par porter ses fruits et n'encourage ces sauvages craintifs à sortir de leur état misérable.

Entre les nègres robustes, maniables, prêts à se dévouer pour la nation émancipatrice et les Arabes plus fins mais plus difficiles à gouverner parce que le fanatisme de leurs « faqih » nous est souvent hostile et parce que des siècles de nomadisme ont mis chez eux des germes d'indiscipline et d'anarchie, les Ial-Nas auront alors doublement contribué à rétablir, dans le Déqaqiré, l'équilibre rompu depuis de longues années par les puissances esclavagistes et ce sera pour le plus grand bien de la civilisation française.

Lieutenant DERENDINGER,
de l'infanterie coloniale.